ウェルシュ・ハイランド鉄道
魅惑の WHR

「狭軌鉄道」── 線路の幅が狭いというだけで
鉄道がグッと身近かな存在になってくる。

「狭軌鉄道」の車輛は人間の背丈に近い　*1
　　細い線路は等高線に逆らうことがない　*2
　　そしてどこか懐かしく心和ませてくれる。

世界は広い。
いまも走っている「狭軌鉄道」がある
いまも 蒸気機関車の走る姿を見ることができる。

蒸気機関車の走る　世界の「狭軌鉄道」

*1) 線路幅が小さい分そこを走る車輛も小さい。だが、乗車する人間は小さくはできないから、車輛はどこかアンバランスな面白さがある。だから時には、客車の中では向き合って座るお客さん同士のヒザが触れたりして、ココロ和まされる。

*2) トンネルや鉄橋で一直線に結ぶのでなく、自然に逆らうことなく等高線に沿いクネクネと曲がって進む線路は、どこか慎ましやかでココロ和まされる。

ヒツジが草を食む緑の牧場
粘板岩の露出する山 *3
英国ウェールズを象徴する情景
そのなかを走る蒸気機関車の牽く列車…
観光を担う「狭軌鉄道」
ウェルシュ・ハイランド鉄道

*3) スレート石材として屋根などに使用。ウェールズ地方はスレートの産地として早くから栄えた。

その機関車は世界的な「名機」
もと南アフリカ鉄道のNG／G16型
「狭軌鉄道」を走るガーラット式蒸気機関車
前後ふたつの走り装置を持ち
2組のヴァルヴギアをメカニカルに動かして
狭軌の蒸気機関車らしからぬ迫力で駆ける
600mm軌間、狭軌鉄道の夢のような情景
ウェルシュ・ハイランド鉄道

ウェルシュ・ハイランド鉄道

鉄道そのものが復元され保たれている
歴史的な保存観光鉄道
緑のなかを走り、山肌に挑み、渓谷を抜ける
車窓が楽しい魅惑の鉄道
その主役がガーラット式蒸気機関車
後方の客車から見る蒸気機関車もまた楽しい
2時間の汽車旅行は
またとないエンターテインメント…

魅惑のウェルシュ・ハイランド鉄道

歴史の街を出発し、到着したのは港街
そのメイン・ストリートの真ん中を通って
終着駅に進入する「路面汽車」シーンは[*4]
最後に訪れるクライマックス
狭軌の蒸気機関車が牽く列車は
待ち受けるギャラリイの間をパレードして
新しくできた駅へと滑り込むのだった

*4） かつての路面電車のように、道路の一部を使って
敷かれた鉄道。電車が登場するまでは、蒸気機関車に
覆いなどをつけたスティーム・トラムが活躍していた。

ウェルシュ・ハイランド鉄道
＋フェスティニオク鉄道

世界の狭軌鉄道 02

もくじ

- ●ウェルシュ・ハイランド鉄道の魅力　　　　001

- ●ウェルシュ・ハイランド鉄道とは　　　　014

- ●ウェールズを往く　WHR 40kmの旅　　　　019
カナーヴォン駅／カナーヴォン出発／ディナス駅／ディナス庫／ワイファウ駅／リー・ドゥイ駅／ベンゲリアート駅／カンブリアン平面交差／ブリタニア橋／ポースマードックの夕暮れ／ポースマードック・ハーバー駅

- ●ウェルシュ・ハイランド鉄道　WHR3輌の「名機」　　　　069
ガーラット式機関車／南アフリカのガーラット／WHRはガーラット王国／87号機／138号機／143号機

- ●フェスティニオク鉄道　もうひとつのウェールズ　　　　089
フェスティニオク鉄道とは／ポースマードック駅／マードックの堰／ボストン・ロッジ／タニィ・ブゥル駅／ループの秘境駅／ブラナウ・フェスティニオク駅

- ●ウェールズ地方　ガイドに代えて　　　　108
WHR、FRのこと／北ウェールズへのルート／ウェールズ語のこと

- ●あとがき　ウェールズ地方の魅力　　　　110

WELSH HIGHLAND RAILWAY とは

　英国南西部、ウェールズ地方は独自の文化で成り立っている。かつてのウェールズ公国、英国（ユナイテド・キングダム）を構成する4つのカントリイのひとつで、独自のウェールズ語がある。英語でのウェールズはウェールズ語では「カムリ（Cymru）」だ。

　産業革命時代には石炭、鉱業、とくにスレート産出などで栄えたが、その衰退ののちは観光などにも力を入れている。わが国の四国より少し大きいほどの面積の中にスノードニア国立公園、ブレコン・ビーコンズ国立公園というふたつの国立公園が広がり、緑も多い。

　北ウェールズ、グウィネズ州に位置しメナイ海峡に面する歴史の街、カナーヴォンからグラスリン川河口の港街、ポースマードックまで、蛇の首のように伸びるリーン半島の根元を縦断する狭軌鉄道がウェルシュ・ハイランド鉄道（WHR）である。それこそ19世紀からの長い過去の歴史はあるものの、WHRはいまも発展している活動的な鉄道。600mmゲージ、かつて南アフリカで活躍していた名機、NG/G16型ガーラット式機関車の走る姿が堪能できる。それも、英国的でのどかな牧場風景、ちょっと荒々しい山岳地帯、そして美しい渓谷といった情景のなか、車窓も楽しめるという魅惑の鉄道である。

　英国の鉄道に多くあるように、冬期は休業しているけれど、それを除けば毎日、25.2マイル（40.5km）の風光明媚な路線を往復する蒸機列車が走る。乗るもよし、撮るもよし、もちろん名機NG/G16型蒸気機関車を観察するもよし。狭軌鉄道の魅力を随所に備えたWHRは、いちど訪ねてみる価値のある鉄道だ。（小生のように）繰返し訪ねてみたくさせられる魔力も備えているので、その分は注意が必要だが。

　全線が開通したのは2011年4月という、新しく日々進化しているウェルシュ・ハイランド鉄道だが、先述したように過去の歴史がある。WHRの走る北ウェールズ地方は、早くから鉱業が発展していたこともあって、鉄道も早や19世紀半ばには線路が到達していた。ちょうどその頃に成立したロンドン＆

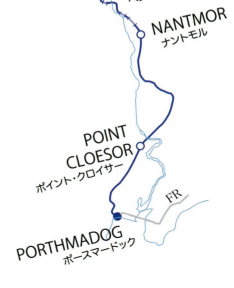

ノースウェスタン鉄道（L&NWR）によって、1860年代にはカナーヴォンに鉄道がやってくる。1862年7月にはカナーヴォン～アヴォン・ヴェン間、43kmのカナーヴォンシャー鉄道が開通。また1869年7月にはカナーヴォン～ランベリス鉄道が枝分かれして建設された。もちろんこれらは標準軌間で敷設されたものだ。

しだいに鉄道網も形成されていき、本線というような鉄道ができると、それを幹にしていくつもの小鉄道が接続するようになってくる。付近はスレート石材などの産出地であったことから、それらの搬出ということでも鉄道は有効な手段であった。

ディナスはそのひとつの集積地となり、1877年にはディナス〜スリン・クウェスリン間の狭軌鉄道がつくられていた。当初、旅客扱いはしていなかったが、すぐに旅客列車を走らせるとともにライ・ドゥーまで路線延長を果たす。1881年のことだ。いうまでもなく、今日のWHRの下地となるものである。

それだけでなく、石材搬出の狭軌鉄道はいくつも誕生していく。それらは「トラム」と呼ばれた馬車軌道であった。

一方、ポースマードック付近もスレート材の産出が多く、最初は河川を利用した船舶輸送であったが、より大きな輸送力を目指して、また河川のない地区からの輸送など、積出港であるポースマードックへの鉄道が敷かれていった。

今日のフェスティニオク鉄道のベースとなった、ブラナウ・フェスティニオクからポースマードックまでの鉄道が開通したのは実に1836年。わが国に鉄道がやってくる35年以上も前のことである。つづいて、クロイソル・トラムウェイ、ゴーセドゥー・トラムウェイといった馬車鉄道が次々に開設されていった。コーセドゥー・トラムウェイのみは3フィート（914mm）軌間であったが、あとは2フィート弱（正確には1フィート11½インチ＝597mmの記述もみられるが、実質600mmゲージの機関車を使用しているので、本書では600mmとして進めていく）軌間の狭軌鉄道だった。

1902年にはポースマードック側のWHRのベースとなるポースマードック、ベズゲレート＆南スノウドン鉄道（PB＆SSR）が設立。クロイソル・トラムウェイから分岐するように、新しい採石場を目指して、途中の難所であるアベルグラスリン峠にトンネルまで貫通させたが、1914年の第一次大戦の勃発などで中断、結局は鉄道開設までには至らなかった。

そうこうするうちに1914年にはウェルシュ・ハイランド鉄道（初代WHR）が設立され、付近の鉄道を一本化することと、放棄されていたPB&SSRの工事の再開が計画された。そして1923年にいまのWHRとほぼ同じルートで、ディナス～ポースマドック間が開通する。

しかし、スレート産業の衰退、一方、旅客数の絶対的な不足から、結果は芳しい方向には進まなかった。ポースマドックで接続するフェスティニオク鉄道が肩代わりして運行はしたものの、結局は1936年には旅客を、翌年には貨物列車も運行を中止し、廃線ということにされた。

線路、車輌の多くは第二次世界大戦にさいして供出され、あとは道床のみが残る結果となったのだった。

時は流れて1961年、ウェルシュ・ハイランド鉄道協会が設立された。鉄道が観光という新しい魅力を持ちはじめたことを感じとったことから、かつてのWHR線を復活させる事業に取り組む第一歩を踏み出す。すでに実績を上げていたフェスティニオク鉄道によって、まずは1991年、カナーヴォン～ライ・ドゥー間の線路復活が決定する。かつてはディナスが起点であったが、すでに1964年にL&NWRが廃線になっていたことから、カナーヴォンが起点とされた。

工事は順調に進められ、1997年10月にまずカナーヴォン～ディナス間が開通。再開した鉄道のために用意されたのは、南アフリカ鉄道で活躍していたNG/G16型ガーラット式機関車。まずはダーク・グリーン塗色の138号機が走りはじめた。工事には「アプナー・キャッスル」Bディーゼル機関車のほかフェスティニオク鉄道の機関車も借り入れられていた。つづいて翌1998年には黒塗色の143号機を導入。

先に機関車の導入を述べておくと、この後2006年にもとタスマニア州政府鉄道のK1、2009年に87号機とつづく。2018年にはさらに修復の成ったNG/G16型130号機が加わる予定だ、という。

線路の方も順次延長をつづけ、2000年8月にワイファウ、2003年8月にライ・ドゥー、2009年4月にはベンゲリアートまでが開業し、つづいて5月にはハフォド・ア・スリンという折返し点まで延長された。標軌の線路を平面クロスし、ブリタニア橋を渡って、ポースマドックまで全線が開通したのは201`年4月。その後も2014年には新ポースマドック駅、2017年にはカナーヴォン駅の新築着工など、日々進化をつづけているというわけである。

ポースマドック駅の進化のようすを辿ってみると、その目指すところが読んでとれたりする。

左はフェスティニオク鉄道時代のポースマードック駅。左下の引込み線は道路の手前で行き止まりになっていて、プラットフォームも駅舎の前からカーヴした先までの一面だけであった。

　その後、ブリタニア橋を渡ってWHRの線路が接続。当時はフェスティニオク鉄道のフォームを共用していたが、2017年に新たなフォームが完成。そのための埋め立ても行なわれた。進化が止らないWHRである。

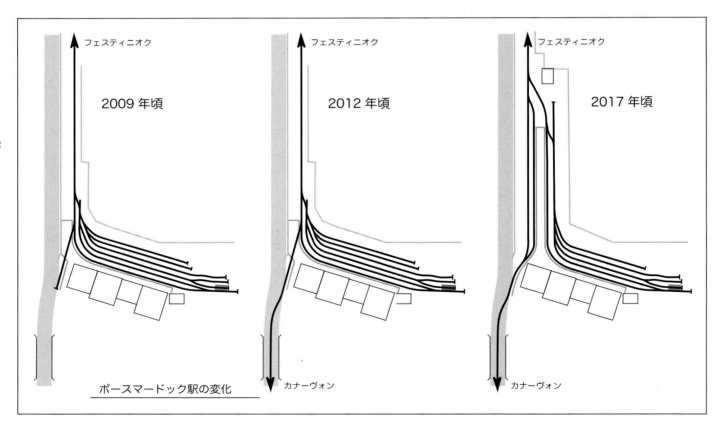

ポースマードック駅の変化

ウェールズを往く
WHR、40kmの旅

CAENARFON
■ カナーヴォン駅

　1283年というから、わが国ではまだ鎌倉時代のことである。イングランド王エドワード一世によってウェールズ公国が征服され、砦としてカナーヴォン城がつくられた。それを含め周辺の四城が「世界文化遺産」として登録されている。

　その城を遠くに見る川沿いの一角にウェルシュ・ハイランド鉄道（WHR）の始発駅であるカナーヴォン駅がある。

　始発駅といっても、石垣と道路とに挟まれた細長く狭い場所。道路の向こうはすぐに河口に近い川になっている。機回し線1本だけのこぢんまりとした駅。切符販売所を兼ねた売店の方が目立っていたりした。

　給水設備などが揃えられているが、いまは駅舎新設工事が進められていて、なおさら周辺は殺風景になっている。列車ごと基地のあるディナスから回送されてきて、機関車を反対側に付け換えて出発する。

CAENARFON
■ カナーヴォン出発

　いきなり見せ場のひとつがやってくる。カナーヴォンを発車した列車はゆるい上り勾配で8輌もの客車を牽いて力行するのだ。落ち葉の季節だったりしたら空転もさせながら、お城の方まで届くのではないかというドラフト音を轟かせ、それはそれは迫力に満ちたダッシュを行なう。
　いつも同じところで…　と思いながらも線路を見下ろせる跨線橋でそのダッシュ・シーンを見届ける。そうせねばWHRに来た気がしない、というような場所。後方にカナーヴォン城を見送りながら、旅のはじまりである。

DINAS
■ ディナス駅

　ディナスのお気に入りのホテル。機関庫から汽笛の聞こえる素敵な部屋であることは、泊まってから気付いたことだった。メイン・ストリートに面した門を入ってから、並木のエントランスを走った先にあるホテルは、17世紀からの歴史ある建物で、それこそかつて本線の列車が走りはじめたころからの歴史をずっと見てきたのだろう。

　いくつものスレート搬出のトロッコのような線路が集まり、本線への積替えが行なわれていたであろう、当時のディナス・ジャンクション。WHRのディナス駅はその跡につくられている。ゆったりとした駅構内は、標軌時代の名残りだろうか。女王陛下が二度も来訪されたという、誇りある駅でもある。

　構内には、縦型ボイラーの1895年製古典機が展示され、片隅には復活予定という南アフリカ鉄道NG15型蒸気機関車も置かれていた。

DINAS DEPOT.
■ ディナス庫

　ディナスの駅から少しポースマードック寄りに機関庫がある。機関庫といっても建物自体は味気のないものだし、線路も本線から分かれた2線で決して大きいものではない。それでも、そこで機関車の分解修理が行なわれるほどの設備と技術を備えており、現に片方の台枠をおろした138号機がいたりした。

　いつもは仕業を終えた機関車の日常のメインテナンスをし、翌朝の発車の準備が行なわれる場所。ちょうど客車を駅の反対側の車庫に押し込んだ143号機が本線を通って戻ってきた。右の写真に写っている分岐で側線に入り、折返して138号機のとなりにやってきて火室の整備、各部のチェックなどを受ける。WHRが復活した1997年から稼働している、文字通りの基地なのであった。

WHRで働くのは、女性を含むヴォランティアが多い。機関助士兼整備士というようなひとたちに守られ、機関車は美しく保たれているのだった。右は、片方の台枠を外して整備中の138号機。屋外には、スペアなのだろうか、足周りがそっくり保管されていたりした。事実、数輌の機関車がスペアとして購入されている。

WAUNFAWR
■ ワイファウ駅

　付近は旧くから鉱夫の街として栄えたところで、その街外れに位置するワイファウ駅は、広く大きなプラットフォームを持つ。線路は少し低い位置にあり、外からつながる跨線橋からおりてフォームに向かう。列車は右側通行。ときにここで上下列車の交換が行なわれることもある。ポースマードック行の列車は、ここからはじまる登り勾配に備えて、構内の端にある給水塔で水の補給を行なう。

　跨線橋を渡った反対側には「スノウドニア・パーク」という自然公園があり、キャンプ場としても利用される。また、旧 WHR 時代の駅長の官舎はいまも残され、「スノウドニア・パブ」として使われている。

　左ページはポースマードック行の列車で、右は重連でやって来たカナーヴォン行の列車。機関車の次位にプルマンカーが連結されている。

　ワイファウ駅を出た列車は A4085 道路と絡むようにして進む。ちょっとした街並を抜け小さなグイルパイ川を渡ると風景は一変する。緑が多くなり、ヒツジのいる牧場も見える。川を挟んで家に通じる木の橋はちょっとした写真のアクセント。線路は細かく左右に弧を描き山裾を走る。右側に見上げるその山は、スレート石材の産地であることを思わせる黒い山肌をみせるのだった。

左に90度向きを変え、道路をアンダークロスするとまた風景が変わり、緑の牧場が広がる。ときどき、農場につづく細径とクロスしながら、列車はゆるやかなカーヴを繰返す。スノウドン・ランゲという停車場を過ぎるとずっと上り勾配がつづく。しばらく行くと牧場は岩場に変わり、しだいに高度を稼いで、気がつけば遥か道路を見下ろす位置に到達する。
　大きく左にカーヴ、急に家並が現われるとそこはリー・ドゥイであった。

036

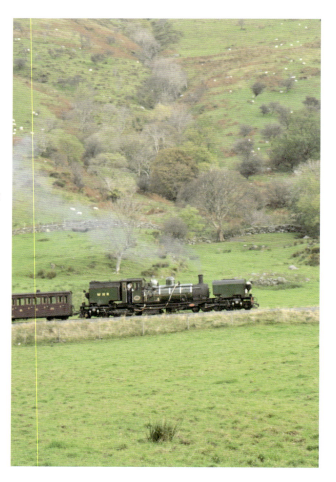

RHYD DOU
■ リー・ドゥイ駅

　カナーヴォンから 20km ほど、かつての終着駅であったリー・ドゥイ駅に到着する。ここまでつづいた上り勾配、ようやく訪れた静寂のなか、機関車はふたたび給水作業に掛かる。大きなタンクを背負った給水塔を操作して、機関車前部の水タンクを潤す。ときに重連列車では機関車を 1 輌分前進させて、それぞれの水タンクを満たすには、けっこうな時間を要した。

　リー・ドゥイ駅では上下列車が交換することが多く、ここまで乗ってきて、交換する列車でふたたびカナーヴォンに戻る列車旅ファンも多いそうな。

　道路を挟んで右側にはガーダー湖（Llyn y Garder）と呼ばれる小さな湖があり、クウェスリン湖を経てグイルパイ川もここを源流としている。

　駅の脇に WHR の看板が立てられていた。2009 年に撮ったそれは、まだポースマードックまでの線路が完成しておらず、その部分が点線で描かれている。

　リー・ドゥイ駅を出た列車は道路をアンダークロスすると次第に森のなかへと分け入っていく。スノードニア国立公園のなかでも最大級の森林地帯で、列車はそのなかを右へ左へとカーヴを描いて越えていく。WHR におけるサミット地点を通過。ベンゲリアート駅のちょうど南側で Ω カーヴを描きながら、駅へと下っていくのだった。

047

BEDDGEREAT
■ ベンゲリアート駅

　機関車のドラフト音は辺りに谺しているのに、なかなか列車は現われない。森林地帯のなかを右に左にカーヴしているからだ。ようやく現われた列車は下り勾配のはずなのに、息せき切っていた。

　2009年の訪問のとき、ここから列車旅を楽しんだ。駅を出た列車は小さなトンネルをくぐり、いきなり橋を渡って渓谷に出る。遊歩道が整備され、ハイカーが行き交うなかを心地よい速度で、600mm狭軌のガーラット式蒸気機関車の牽く列車が走る。夢のような情景が広がるのだった。と思ったらとつぜん平原のなかで列車は停車した。機関車は側線を通って反対側へ。なんとここが、仮の終点なのであった。

　列車はもと来た道を取って返す。一等料金を奮発して、先頭のプルマン展望車から蒸気機関車の顔（といってもガーラット式だから水タンクなのだが）を見ながらの旅を楽しんだ。

CROSSING
■ カンブリアン平面交差

　最後に開通した区間は築堤を走り、牧場の中を突っ切り一気にポースマードックを目指す。ポイント・クロイサーの停車場を出ていよいよ街が近くなる。そこで、標軌のカンブリア線を平面クロス。いつもは閉じられ、脱線ポイントの付けられた平面交差の扉が開けられると、おもむろにWHRの列車が通過する。

　かつての鉄道時代にもあったという平面交差、当時はグレート・ウェスタン鉄道だったが、そのシーンが半世紀振りに復活した。左はWHR側から見たシーン。

BRITANIA BDG.
■ ブリタニア橋

　かつてはマードック通りのなかを路面汽車状態で走っていたという。そのシーンを彷彿とさせてくれるのがブリタニア橋だ。ポースマードックのメイン・ストリートであるハイ通りがポースマードック・ハーバーの入江を越える橋、ブリタニア橋を併用軌道で越えるようになっている。

　この街中の情景はちょっとした観光スポットのよう。橋の両側にはカメラを携えた旅人が、この世にも珍しい情景を捉えようと待ち構えている。そのなかを静々と走るガーラット式蒸気機関亘。その間は、クルマは遮断されて道を譲る。

PORTHMADOG
■ ポースマードックの夕暮れ

　陽の暮れたブリタニア橋を渡る夕方の下り列車。機関車は標識灯を点し、ポースマードックの駅へと進入していく。メイン・ストリートであるハイ通りには、通りに面したレストランや土産物屋などが明かりを点し、ポースマードックの街は宵の賑わいをみせている。

　カナーヴォンから2時間あまりの蒸機列車の旅はここで終着になる。明かりに引き寄せられるように、列車から降りた人々は街に向かって歩き出した。ここまで堪能してきた車窓などの話で、夜の宴は盛り上がることだろう。

　お客を降ろした列車は機関車ともども、このままフェスティニオク鉄道のボストン・ロッジのヤードに回送され、そこで駐泊する。ボストン・ロッジは大規模な工場施設で、客車や時には機関車までも製造してしまう能力を持っている。もっぱらフェスティオク鉄道の車輌の管理を行なってきたが、WHRの機関車のレストレイションなども引き受けている。また、WHRがポースマードックに乗入れるようになってから、新たな駐留ヤードが設けられ、訪問時もさらなる拡張工事の真っ最中であった。

PORTHMADOG
■ ポースマードック・ハーバー駅

　ポースマードックはグラスリン川河口、カーディガン湾に面した港街である。カンブリア線のポースマードックの駅とは徒歩10分ほど離れた港にWHRのポースマードック駅があり、区別してポースマードック・ハーバー駅と呼ばれたりする。もともとはフェスティオク鉄道の駅であったが、WHRが乗入れるようになって、線路配置も変化した。

　1811年、ウィリアム・マードックス（William Madocks）によって河口を遮り、対岸のボストン・ロッジに向けて一直線に延びる堤防がつくられた。付近で産出するスレート石材の積出港として、大いなる繁栄をみせたポースマードックには、石材加工の工場などもつくられ、いまとは大きく異なる風景であった、という。

　やがてスレート産業の衰退とともに、ポースマードックは新たに観光の街として発展をしている。かつてスレート倉庫のあった場所は新しい海辺の別荘となり、貨物船はレジャーボートに置き換わって、街の姿は大きく変化した。

　その観光の一翼を担っているのが蒸気機関車の走る狭軌鉄道。フェスティニオク鉄道に加えWHRのためのプラットフォームもつくられ、ポースマードック駅のようすも変化している。

一直線に延びた堰の上を走る回送列車。左の写真はフェスティニオク鉄道の機関車が最後尾で回送されている。

ウェルシュ・ハイランド鉄道
WHR 3 輌の「名機」

●ガーラット式機関車

　ガーラット式というのは2組の走り装置を持ち、その間にボイラーを載せることで大パワー、急曲線通過に特徴のある機関車。英国のハーバート・ウィリアム・ガーラット（Herbert William Garratt、1864〜1913）の考案による。彼は北ロンドン鉄道をはじめとして、南米や中米の鉄道などでも蒸気機関車の技師としてキャリアを積んだ。そして、英国に戻った20世紀の初めにガーラット式を考案した、という。

　ウェルシュ・ハイランド鉄道のもと南アフリカ鉄道NG/G16型を例にもう少し具体的に説明すると、ボイラーの載った中央部の台枠の前後にセンターピンがあり、そこにそれぞれの走り装置がつく。NG/G16型でいえば、外側台枠の動輪3軸に先従輪各1軸、つまり1C1の走り装置が組込まれ、1C1＋1C1という軸配置を構成する。それぞれの台枠はちょうどボギー台車のように首を振るので、曲線通過は有利になる。また前後の走り装置には、前側に水タンク、後側に石炭庫が載る。それによって、しっかりウエイトの役も果たしている、というわけだ。

　反対にデメリットとしては、エンジン・シリンダまでの距離が長いことから、その分効率が下がること。また、前後台枠に首を振らせなければいけないので、蒸気管の関節部分の蒸気漏れに工夫が必要なこと、など。

　ガーラットの第一号機は1909年ベイヤー・ピーコック社でオーストラリアのタスマニア州政府鉄道につくられたK1型で、これはウェルッシュ・ハイランド鉄道で修理中だ。ちなみに、第二号機はインド、ダージリン・ヒマラヤン鉄道に納入されている、同鉄道のDクラス31号機だ。これは1910年製造、11年製造の説がある。それうはともに610mmゲージ、B+Bの35t級であった。

●南アフリカのガーラット

　南アフリカ共和国の南アフリカ鉄道は遠いアフリカの地にありながら、意外なほどわが国に身近かな部分がある。それはわが国鉄と同じ1067mm軌間を採用しながら、高度な鉄道網を完成させているという点で日本と共通するからだ。6フィート（1829mm）径動輪の旅客機や120t級の貨客両用機など、わが国のC62やD52も及ばない大型高性能蒸気機関車が活躍していた。マレー式、ガーラット式といった関節機関車が積極的に導入されているのも特徴であった。

　そうした1067mm軌間の本線とは別に、南アフリカ鉄道には全長285kmにも及ぶ610mm軌間の狭軌路線があった。19世紀初頭に開通した南アフリカ共和国南東部、アフォントゥーア（Avontuur）とポート・エリザベスを結ぶ支線で、1920年代からガーラット式機関車が導入されていた。

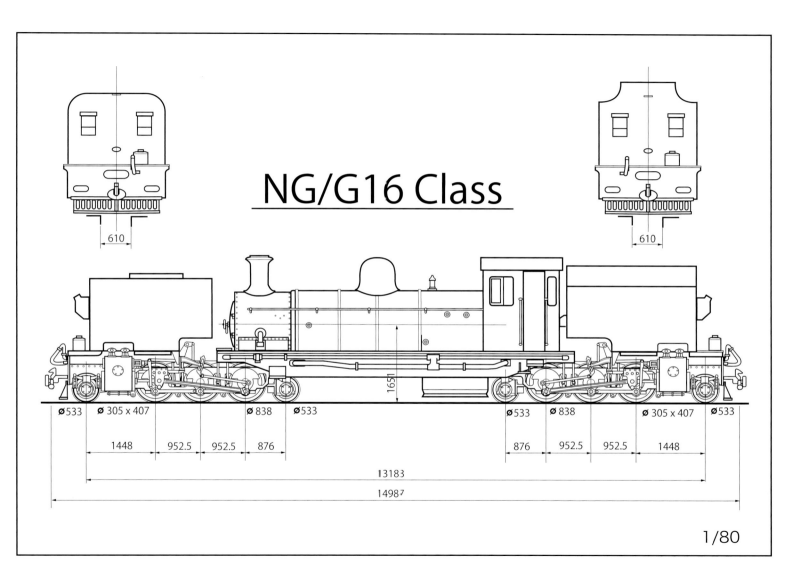

1927年〜のNG/G13型の成功を受けて、決定版のように増備されたNG/G16型は1937年〜1968年に37輛もがつくられ、同線の主力機関車として活躍した。プロポーション、性能など「名機」として汽車好きに人気も高い。

　それは1C1+1C1の60t級ガーラット式蒸気機関車で、先従輪にベアリング入りの外側台車を使用しているのが特徴的だ。動輪径2フィート9インチ（838mm）、先従輪径1フィート9インチ（533mm）、センターピンは第二第三動輪間にある。使用圧力180psi（約12.6kg/cm²）、610mmゲージの機関車とはいえ、60t級というから、わが国でいうとC11に近いスペックだ。

● WHRはガーラット王国
　南アフリカの狭軌線の蒸気機関車は、一部が1990年代まで命脈を保ったが、ディーゼル機関車の導入、また路線自体の縮小がつづき、引退を余儀なくされた。ちょうど復活を進めようとしていたWHRでは、同じ線路幅であることから白羽の矢をたて、開業に間に合わせてダーク・グリーン塗色の138号機を導入。つづいて1998年には黒塗色の143号機、2009年に87号機をレストレイションの上復活させた。2018年にはさらに修復の成った4輛めのNG/G16型、130号機が加わる予定である。

　また2006年には、ガーラット式蒸気機関車の第一号機である、もとタスマニア州政府鉄道のK1が傍系フェスティニオク鉄道の手で復元、WHRは世界でも貴重なガーラット式蒸気機関車の宝庫となっている。
　2009年のデビュウ当初、87号機はライト・グレイの美しい塗色で大きなインパクトを与えた。その後、ダーク・ブルウに塗り替えられてしまったが、「白いガーラット」の印象は強く残っている。
　138号機はカーマイン・レッド、143号機はダーク・グリーン塗色で、それぞれに個性を発揮している。138号機は以前はライニングのないグリーン塗色、143号機は黒塗色であった。

スペアとして、ディナスに置かれていた炭庫と水タンク。

旧塗色時代の143号機

(143)

NG/G16 型蒸気機関車

番号	輌数	製造年	製造所	製造番号	記事　現状
85～88	4	1937	Cockerill（コッケリル）	3265～3268	87、88 保存
109～116	8	1939	Beyer Peacock（ピーコック）	6919～6926	109、112、113 保存
125～131	7	1951	Beyer Peacock（ピーコック）	7426～7432	129、130、131 保存
137～143	7	1958	Beyer Peacock（ピーコック）	7862～7868	138～143 保存
149～156	8	1967-68	Huslet（ハンスレ）	3894～3901	153 保存

凡例：保存機は基本的に動態。このほかに保管中あり。

WHR の NG/G16 型蒸気機関車

番号	入線年		
87	2009	当初ライト・グレイ→現在ダーク・ブルウ塗色	化粧煙突
109		部品調達用として保有	
130	2018 予定	2018 年シーズンから復活予定	
138	1997	当初グリーン→現在カーマイン・レッド塗色	
140		レストレイション中とされるが進捗状況不明	
143	1998	当初ブラック→現在ダーク・グリーン塗色	

フェスティニオク鉄道で復元された K1 は、「ガーラット式」の第一号機としてタスマニアで使用。お目に掛かれなかったのでピンバッジを購入。

フェスティニオク鉄道
もうひとつのウェールズ

フェスティニオク鉄道は、ウェルシュ・ハイランド鉄道にとっては重要な存在である。というより、WHRの「親会社」でもあるのだから、趣味的なことを別にすれば、本書は主客転倒状態、なのである。WHRとポースマードック駅で接続し（右ページ）、そこから北東に21.9km、標軌の路線と共有するブラナウ・フェスティニオク駅まで走る。

　歴史は旧く、まずはグラスリン川河口を仕切る堰「Cob」がつくられたことにはじまる。W.A.マードックスが周辺の土地を取得、堰を設けて港をつくったのである。いうまでもなく、それが「マードック港」、つまりポースマードックの語源であるポート・マードックである。この巨大な堰をつくるための作業員宿舎として設けられたのが「ボストン・ロッジ」、いまの機関庫、工場の場所なのであった。

　港建設の目的は、付近で採掘されるスレート材の搬出のためであった。舟を使って下流のマードック港に運び、英国全土、さらには海外にまで輸出されたのだ、という。その船舶輸送をより効率的にするために、鉄道建設が計画され、すでに鉱山内で用いられていた23½インチ（597mm ≒ 600mm）軌間をそのまま使って線路が敷設され、それは1836年に開通した。

　当時、英国では「狭軌」での蒸気機関車使用は許可されておらず、最初は馬車軌道であった。

それが解除された1863年、法の変更を待って蒸気機関車2輛が導入される。同時に旅客営業も認可されたことで、フェスティオク鉄道は英国初の「狭軌鉄道」となった。
　輸送力の増加が求められる一方の鉄道に、より強力な機関車として考案されたのが「フェアリー式」機関車である。1869年、最初の「フェアリー式」機関車として7号機がフェスティニオク鉄道に就役する。急曲線通過などにメリットのある強力機関車は、フェスティニオク鉄道の象徴的存在となったわけだ。当時の機関車はレストレイションの上、現在も一部が活躍しているだけでなく、1979年にもボストン・ロッジ工場で「フェアリー式」が新製されたりもしている。

　その後、19世紀の末までには標軌の鉄道がこの地にもやってきたことから、ミンフォッドやブラナウ・フェスティニオクに貨物の積換え施設がつくられ、スレート材搬出は鉄道に移行した。しかし、1920年代になると戦争、スレート材の衰退などがあり、鉄道も第二次大戦後には廃線となり、資材も供出されてしまう。
　観光鉄道を目指して、復活の最初は1955年、ポースマードックから「Cob」の上に敷かれた線路を通ってボストン・ロッジまで運転再開。以後、線路は順に延長され、1982年にブラナウ・フェスティニオクに到着する。

　もともとスレート材の搬出のために敷かれた鉄道だったが、いまは観光を兼ねた蒸機鉄道として、冬期を除き蒸機列車が運転されて人気を保っている。

PORTHMADOG
■ ポースマードック駅

　WHRが乗入れるようになって、新しいプラットフォームもつくられて駅のレイアウトは変化したけれど、フェスティニオク鉄道はカーヴしたむかしからのフォームを使う。それだけではなく、駅の奥にはフェスティニオク鉄道の給水、給炭設備があり、ひと仕事終えた機関車はここで簡単な点検も行なわれる。
　客車を留置するヤードもあって、フェスティニオク鉄道の始発点としての賑わいをみせていた。

THE COB
■ マードックの堰

　最初この地を訪問した時、河口に面して一直線に延びた築堤はとても異様に映った。それが、この地、ポースマードックにとってなくてはならないアイデンティティなのである、ということが歴史を知って理解できた。つまり、港をつくるために河口を堰とめ、船によるスレート石材の搬出を行なった。ポースマードックはじつはマードック港からきたもの、そしてマードックはこの堰をつくらせた実業家の名前なのであった。

　船舶輸送が鉄道輸送に変わり、そのための線路が一直線に堰の上を走っているのだから、これ自体が歴史的な建造物といっていい。なにしろつくられたのは17世紀のことであったのだから。いまも、それが営々と存在していることに、フェスティニオク鉄道の長い歴史をも思うのであった。

　かつての積出港がすっかりボート・ハーバーに変わってしまったポースマードックの街並をバックに、「フェアリー式」蒸気機関車が長い客車列車を牽いてやってくる。終点、ブラナウ・フェスティニオク駅までは1時間ちょっとの旅だ。

096

BOSTON LODGE
■ ボストン・ロッジ

　「マードックの堰」を渡り切ったところにボストン・ロッジがある。かつて堰をつくった時の作業員宿舎がその語源だという。
　いまではWHRのガーラット機も駐留するようになったが、フェスティニオク鉄道の機関車庫であり、メインテナンスはもとよりレストレイション、ときには機関車製造まで行なってしまう技術を持っている。特徴は「フェアリー式」機関車で、ふたつのボイラーをひとつにまとめ、その下に2組の足周りを持つ。つまり、1輌で重連以上の性能を持ち、しかもカーヴで首を振る足周りのおかげで急曲線通過も得意という、まさにうってつけの機関車。左の写真で首を振っている様子が分かる。下は「シングル・フェアリー式」で、従台車と足周りがそれぞれに首を振る。

TAN-Y-BWLCH
■ タニィ・ブゥル駅

　タニィ・ブゥル駅は、ポースマードック〜ブラナウ・フェスティニオク間のちょうど中間に位置する駅。交換設備があり、実際にこの駅で上下列車が行き交うことが多い。それにしても、この綴りで「タニィ・ブゥル」とはなかなか読めない。読めない上に、駅の場所たるやクルマはおろか人気さえ稀なB4410道路を進み、不気味な水を湛えるミア湖を過ぎて、急な坂道をあがった上にある。もちろん周辺に住居などはないが、鉄道を利用するひと、駅に遊びに来るひとなどが顔を見せている。
　そして列車がやってくると、しばしの賑わいが訪れるのだった。

　ここからはしばらくアップダウンがつづく。あるとき、やってきたのは「シングル・フェアリー式」＋「ダブル・フェアリー式」の重連であった。ということは、3本の煙突から煙を吐きつつ、つまりは三重連のごとき走りを見せてくれる。山腹に取りついて走る線路を見上げて、狭軌蒸気機関車の力闘シーンを楽しんだのであった。（次ページ）

DDUALLT
■ ループの秘境駅

　フェスティニオク鉄道には「秘境駅」がいくつかある。そのなかでも一番はディアスト駅だ。人家はもとより接続している道路もない。誰がどう利用するのだろうか。しかも、この駅はぐるりと周回するループ線の途中にある。

　行ってみるしかない、とは思ったものの日に数往復の列車。いったん下車したらなん時間も待たねばならないかもしれない。しかも、下りるときは車掌に告げて停車してもらい、乗車するときはやってくる列車に手を挙げて停車してもらう、という。うまくいくのだろうか。

　そんなことを考えつつも、となり駅のタニィ・ブゥルで交換してくる列車を使えば、滞在30分ほどでもと来たブレナウ・フェスティニオク駅に戻れる。でそれを敢行。往きの列車でブランチを摂り、ループをぐるりと半周して目指すディアスト駅に着いた。秘境駅といいつつ側線もあったりして驚いたが、下りて列車が行ってしまうと心細くなるくらい周囲にはなにもない。そのくせ、そこここには羊がいた形跡があったりして。

　側線は、復活途上で一時的にここが終点になっていた時期があって、そのときの名残りだった。

　待つこと30分、やってきた列車に停まってくれるよなあ、とばかり手を挙げてわずか20分ほどの列車旅を楽しんだのだった。

BLAENAU FFESRINIOG
■ ブラナウ・フェスティニオク駅

　終着、ブラナウ・フェスティニオク駅は標軌の「アリーヴァ・トレインズ・ウェールズ」の駅と共用駅になっている。標準軌間1435mmと600mmだから、線路幅は半分以下。それでも蒸気機関車のおかげで存在感はたっぷりなフェスティニオク鉄道であった。降りてきた乗客は記念写真を撮ったり、旅の思い出を談笑しながら跨線橋を渡っていく。

　線路幅は小さな「狭軌」鉄道とはいえ、客車に乗るのは同じ人間。標軌のディーゼルカーとはちがう親近感が小さな客車には漂っている。いま列車を牽いてきた機関車は、いったん解放され列車の反対側に就いて、帰路の支度をする。フェスティニオク鉄道には、女性の機関助士も多く、帰りの列車出発までの間、しばしの休息をしたりするのだった。

● WHR、FR のこと

　英国南西部、北ウェールズに位置する観光を兼ねた保存鉄道がウェルシュ・ハイランド鉄道、フェスティニオク鉄道である。基本的に冬季（11月〜3月半ば）を除き運行されている。詳しい時刻、路線をはじめそれぞれの最新情報は HP をみるのが早く確実だ。

　□ http://www.festrail.co.uk/

　もうひとつ、ポースマードックにはウェルシュ・ハイランド・ヘリティッジ鉄道がある。いかにも家庭的なヴォランティアの集まりといった鉄道だが、蒸気機関車、ガソリン／ディーゼル機関車にも興味深いものがある。HP は WHR だが、一般的には WHHR と略される。（次ページ）

　□ http://www.whr.co.uk/

● 北ウェールズへのルート

　小生はいつもヒースロウ空港からクルマを借りてひと走り、なのだが、英国南西部のウェールズには鉄道、バスなどの交通手段がある。空路はバーミンガムから、というのが近いが、ロンドン〜バーミンガムも鉄道で1時間10分の距離だ。旅慣れている諸賢はそれこそネット情報を駆使して調べる方が、早く正確だろう。

　一例というか、ご参考までに知り得た範囲で紹介しておこう。

　ウェールズの鉄道は、「アリーヴァ・トレインズ・ウェールズ」が運行しており、バーミンガム・インターナショナル駅やマンチェスター・ピカデリイ駅から各方面行がネットワークを構成しており便利だ。

　http://www.nationalrail.co.uk/
（ロンドン〜バーミンガム間など）
　http://www.arrivatrainswales.co.uk/
（アリーヴァ・トレインズ・ウェールズ）

○ポースマードック

　カンブリアン・コースト線（バーミンガム→マッキンレー→ポースマードック　5時間弱）　ポースマードック駅から南へ徒歩15分ほど

○カナーヴォン

　ロンドン、マンチェスターからバンガーへ（バーミンガム→バンガー 4時間弱）。

　そこからカナーヴォン行のバス約30分

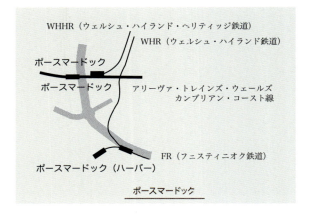

○ブラナウ・フェスティニオク

　コンウィ・ヴァレイ線のブラナウ・フェスティニオク駅でフェスティニオク鉄道と接続している。

● ウェールズ語のこと

　ウェールズにやってきて、なにが困ったかというと、ことばが解らないことだった。いや、通常の会話は英語でなんとかなるのだが、駅名などには見ただけでほおり出したくなるような綴りが目白押しなのだ。だいたいが最初に目指したカナーヴォンだって、日本語の表記をみるとカーナフォン、カーナヴォン、カーナーヴォン、カナフォーン、カエルナルヴォンとさまざまだし、「Beddgeleat」だの「Dduallt」という駅名では切符もまともに買えない。

　本書の記述にも関連することなのだが、少しウェールズ語を付け焼き刃で勉強してみよう。蛇足だが、勉強嫌いの小生が辞書やら参考書を片手に少しだけ齧ってみる気になったのも、鉄道という仲介があったから。好きなもの、趣味というものはすごいパワーを持っているものだ、とあとから感じ入ったりしている。

　さて、ウェールズ自体、ウェールズ語ではカムリ（Cymru）というのだから、英語とはひとつちがう言語と考えるべきものだ。英語の 26 文字のうち k、q、v、x、z がなく、その分 ch、dd、ff、ng、ll、ph、rh、th が加わり、ウェールズ語は 29 文字で構成される。つまり、dd や ff はそれでひとつのアルファベットと考えるのがいいのだそうな。

　法則を憶えるとウェールズ語はそんなに難しくない、というけれど、なにはともあれ字面を見ただけで降参したくなってしまう。そこで、少し慣れたある日、切符を買うついでに駅長さんにひとつずつ駅名を発音してもらった。「これは？」「じゃ、これは？」と次々指差す異国の汽車好きに、厭うことなくちゃんと教えてくれた。感謝感謝、である。しかし、それとて、そのままカタカナにしにくいものもあるのだが、まあ、本書に書いたものでそんなに間違いはない、それぞれにバラバラのカタカナ綴りは統一していけたら、と思う次第だ。

　個別に紹介すると、f は v に近く、ff が f 音なのだという。だから、カナーフォンではなくカナーヴォン、フェスティニオクなのだ。j は本来のウェールズ語にはない。ll は独特の発音のようで、カタカナで書くと lla はシャに近く、「s」音を含むことから、Dduallt はディアストになる。dd も文字頭にくる時と中間、文末とでは発音が異なる。

　終点のポースマードックだが、末尾が「g」であるのに関わらず「ク」と発音するのは、かつては「madoc」と綴られていたことに由来するそうな。

ウェールズ地方は英国西部に位置する。本書の舞台は北ウェールズである。

WHRの魅力
(あとがきに代えて)

　南アフリカの「名機」NG/G16がまだ生きている、走っている姿を見ることができる。そのことが解ったからには、なにはともあれ行ってみるしかなかった。それまでも幾度か英国に行って、いくつかの残っている蒸気機関車を追いかけることをしていたが、ウェールズにはまだ足を踏み入れていなかった。

　いつもいっているのだが、小生には見てみたい蒸気機関車が3題あった。台湾阿里山のシェイ・ギアード、ダージリン・ヒマラヤン鉄道の列車を牽くBクラス、それに南アフリカ狭軌線のガーラット、である。線路幅600mmという超狭軌、そこを走るガーラット機というのは想像を超える存在であった。洋書などで見るたびにどんどん思いは募っていた。

　なんでも、南アフリカの「名機」NG/G16が新しく敷かれた保存鉄道を走りはじめた、という。まったく勝手も解らず、沿線のホテルを予約して、とにかくクルマを走らせた。

ポースマードックのもうひとつの狭軌鉄道、WHHRことウェルシュ・ハイランド・ヘリティッジ鉄道の機関車。

そこが、あとから解るのだが、つい半年前に開通したばかりのベンゲリアート近くのホテルであった。陽が暮れて投宿。走り回っていて空腹この上なく、オープンする18時前に早速レストランの前で待っていたら、なんとその日は冬時間の切替え日で、1時間待ちぼうけだったというのを憶えている。

　さて翌朝、列車を迎えにロケハンしながら始発駅のカナーヴォン駅に向かった。で、そこで遭遇した最初のショットが迫力満点の発車シーンであった（022ページの写真がそれである）。蒸気を身に纏わりつかせながら、ときどき空転しつつ8輌編成の客車列車を牽いて加速していくNG/G16。期待を遥かに越える迫力に、すっかり「鳥肌」ものとなって、以後、英国訪問のたびにひとつの目的地として、ここが加えられたのであった。

　その日一日、その列車を追いかけるようにして沿線を走り回った。いくつもの撮影ポイントとともに、この鉄道、ウェルシュ・ハイランド鉄道が素晴しい情景のなかを走る鉄道であることが解ってきた。しかも進化をつづけている鉄道であることも。

　すでにわが国では蒸気機関車の走る姿が見られなくなって数十年が経過していた。そんな21世紀のいま、線路を延長し、蒸気機関車を増備している鉄道がある。それはとても意外なことであったと同時に、大変にうれしいことであった。

　数えたら、最初に訪問を果たしてから5回、延べ12日を超える数、同じところを訪問していることになる。訪ねるたびに新しい発見もあり、馴染みの場所も増えていった。一度など、例のディナスの古宿を紹介したくて友人夫妻とディナーを楽しみ、翌日彼らは列車旅を楽しむ、ということもあった。

　そんな成果を一冊にまとめる作業は、とてつもなく楽しくうれしい作業であった。鉄道好きはもとより、英国ウェールズ旅行をされる方は、是非とも一日はこの鉄道での列車旅をお勧めする。両端のカナーヴォンもポースマードックも、一日いても飽きないほどの街。その間を走るWHRは、この地方の美しい情景を車窓から堪能させてくれる。展望車も連結されているので、日本ではなかなか経験できない列車旅を楽しむこともできる。

　世界は広い。われわれの大好きな蒸気機関車が活躍するシーンは、まだまだ残されている。本書を趣味生活の刺激、きっかけにしていただけたら幸いである。末尾になってしまったが、本書実現にあたり大きな力添えをいただいたメディアパル、小宮秀之さんはじめ皆さんに謝意を表して結びとしたい。

2018年初春　　　　　いのうえ・こーいち

著者プロフィール
■ いのうえ・こーいち　（Koichi-INOUYE）
岡山県生まれ、東京育ち。幼少の頃よりのりものに大きな興味を持ち、鉄道は趣味として楽しみつつ、クルマ雑誌、書籍の制作を中心に執筆活動、撮影活動をつづける。近年は鉄道関係の著作も多く、月刊「鉄道模型趣味」誌、「ベストカー」誌に連載中。主な著作に「C62 2ファイナル」「図説電気機関車全史」（メディアパル）、「図説蒸気機関車全史」（JTBパブリッシング）、「名車を生む力」（二玄社）、「ぼくの好きな時代、ぼくの好きなクルマたち」「C 62／団塊の蒸気機関車」（エイ出版）、「フェラーリ、macchina della quadro」（ソニー・マガジンズ）など多数。また、週刊「C62をつくる」「D51をつくる」（デアゴスティーニ）の制作、「世界の名車」、「ハーレーダビッドソン完全大図鑑」（講談社）の翻訳も手がける。
株）いのうえ事務所、日本写真家協会、日本写真作家協会会員。
連絡先：mail@ 趣味人 .com

クレジット；p046、p051、p058、p095、p098 など、写真の一部は同行したイノウエアキコ撮影。

著者近影

世界の狭軌鉄道 02
ウェルシュ・ハイランド鉄道

発行日	2018年4月1日 初版第1刷発行
著　者	いのうえ・こーいち
発行人	小宮秀之
発行所	株式会社メディアパル 〒162-0813　東京都新宿区東五軒町 6-21　TEL 03-5261-1171　FAX 03-3235-4645
印刷・製本	図書印刷株式会社

© Koichi-Inouye 2018

ISBN 978-4-8021-1021-1　C0065

© Mediapal 2018 Printed in Japan

◎定価はカバーに表示してあります。造本には充分注意しておりますが、万が一、落丁・乱丁などの不備がございましたら、お手数ですが、メディアパルまでお送りください。送料は弊社負担でお取替えいたします。

◎本書の無断複写（コピー）は、著作権法上での例外を除き禁じられております。また代行業者に依頼してスキャンやデジタル化を行なうことは、たとえ個人や家庭内での利用を目的とする場合でも著作権法違反です。